19 Nov 1903

VENTE

des Jeudi 19 et Vendredi 20 Novembre 1903

HOTEL DROUOT, SALLE, N° 10

A 2 HEURES 1/4

Armes Anciennes

ET MODERNES

MINIATURES DU XVIIIme SIÈCLE

et du 1er Empire

ANCIENNES PORCELAINES EUROPÉENNES, DE CHINE ET DU JAPON

Faiences Françaises, de Delft et Italiennes

TABLEAUX, MARBRES, BRONZES

MEUBLES ANCIENS & DE STYLE

Laques Ivoires Bijoux

Me F. LAIR DUBREUIL	M. ARTHUR BLOCHE
COMMISSAIRE-PRISEUR	Expert près la Cour d'Appel
6, rue de Hanovre, 6	51, rue Saint-Georges, 51

EXPOSITION PUBLIQUE

Le MERCREDI 18 NOVEMBRE 1903, de 2 heures à 6 heures

Paris, Imprimerie C. [illegible]

[illegible], Rue Milton.

CONDITIONS DE LA VENTE

La vente sera faite expressément au comptant.

Les acquéreurs paieront 10 o/o en sus des adjudications.

L'exposition mettant le public à même de se rendre compte de l'état des objets, il ne sera admis aucune réclamation une fois l'adjudication prononcée.

0000 — Imp. C. Chaufour. 8-10, rue Milton, Paris.

DÉSIGNATION

MINIATURES

1 — Miniature ovale : Portrait de femme en corsage blanc orné d'un bouquet de roses. Epoque Louis XVI.

2 — Miniature ovale : Portrait d'Anne d'Autriche, cadre en bronze ciselé sur fond de velours rouge.

3 — Miniature ronde : Portrait d'homme vêtu d'une tunique bleue et gilet rouge coiffé d'une toque noire à plumes ; fond de paysage.

4 — Miniature ovale : Portrait de dame en robe blanche décolletée, avec écharpe brune et collier de deux rangs de perles.

5 — Miniature ovale : Portrait d'homme en habit brun et manteau noir jeté sur les épaules.

6 — Miniature ovale attribuée à Isabey : Portrait de femme revêtue d'un châle jaune et coiffée d'un bonnet blanc à rubans bleus.

7 — Miniature ronde : Portrait de femme vêtue d'une robe blanche à ceinture rose avec écharpe rouge. Ier Empire.

8 — Miniature ronde : Portrait de femme en robe blanche à ceinture rose. Ier Empire.

9 — Miniature ovale : Portrait de femme vêtue de blanc et ceinture bleue. Même époque.

10 — Miniature ronde : Portrait de femme coiffée d'un bonnet blanc avec fichu blanc sur les épaules.

11 — Miniature ronde : Portrait de femme en robe bleue et ruche blanche.

12 — Miniature ovale : Portrait de femme Louis XIV décolletée, les épaules recouvertes d'un manteau bleu, parée d'un collier de perles.

BIJOUX

13 — Paire de pendants d'oreilles en or montés de topazes, strass et 1/2 perles.

14 — Bague ornée de brillants.

15 — Bague en or ornée d'une émeraude.

16 — Bague en or enrichie d'une perle et de brillants.

17 — Bague en or enrichie de brillants.

18 — Bourse en or modèle à cottes de maille.

19 — Bague en or enrichie d'un rubis entouré de brillants.

20 — Bracelet en or à spirales et enrichi de trois brillants.

21 — Bracelet en or offrant sur le devant deux rinceaux entrelacés enrichis de roses et de cinq brillants.

22 — Six petites épingles en or avec têtes en perles fines.

23 — Chaine d'homme en or avec coulant orné de rubis.

24 — Porte-mine en or.

25 — Paire de boutons de manchette en or uni.

26 — Bracelet fil d'or avec perles.

27 — Montre de dame en or.

28 — Bague chevalière en or avec pierre dure gravée à tête d'empereur romain.

29 — Huit petites épingles en or et perles fines.

30 — Porte-mine en or.

31 — Epingle de cravate fer à cheval en brillants et saphirs.

32 — Epingle de cravate en or et perle fine.

33 — Paire boucles d'oreilles améthystes.

34 — Boucle d'oreille perle et coraux.

35 — Montre en métal doré.

36 — Bague en or avec jaspe sanguin gravé.

37 — Chaine en or.

38 — Chaine en cuivre.

ARMES

39 — Epée à lame triangulaire à poignée et garde en argent ciselé.

40 — Epée d'officier à lame triangulaire en acier bruni, garde ajourée, poignée et fourreau en argent ciselé.

41 — Epée à lame triangulaire, garde, poignée et pommeau ajourés, ornements à pointes de diamants.

42 — Paire de pistolets d'arçons Louis XIV, crosses en bois sculpté et incrusté d'argent, canons brunis damasquinés d'or.

43 — Paire de pistolets longs à pierre, garnitures en cuivre.

44 — Paire de pistolets, canons brunis damasquinés d'or.

45 à 48 — Seize pistolets divers.

49 — Paire de pistolets, canons en acier gravé, moutures en bois incrustées d'argent. XVIIIe siècle.

50 — Paire de pistolets à crosses garnies de cuivre.

51 — Grand pistolets d'arçons, crosse et sous-garde en cuivre.

52 — Pistolet espagnol, canon en acier gravé, monture garnie de cuivre à ornements.

53 — Paire de pistolets à pierre, crosses guillochées.

54 — Paire de pistolets flamands à deux canons, crosses à têtes de lions en cuivre.

55 — Paire de grands pistolets à pierre, canons damasquinés d'or.

56 — Grand pistolet à crosse de cuivre.

57 — Paire de pistolets à canons et crosses de cuivre.

58-59 — Sept pistolets anciens à deux canons.

60 — Fusil oriental incrusté de nacre, garnitures en argent.

61 — Fusil oriental incrusté d'os, garnitures en argent.

62 — Fusil oriental, canon damasquiné, crosse incrustée de cuivre et d'ivoire.

63 — Fusil de chasse à deux canons. Epoque Louis XV.

64 — Fusil de chasse à deux coups. Canons brunis damasquinés d'or, de Le Lorrain, à Valence.

5 — Fusil de chasse à deux coups, crosse sculptée, canon portant la marque de Cambray.

66 — Fusil de chasse à deux coups, canons brunis damasquinés.

67 — Fusil à gros canon rayé, portant sur la crosse l'inscription suivante : Tir cantonal 1848, à Fribonrg.

68 — Sabre d'enfant de Mars, garniture en cuivre. Epoque de la Révolution.

69 — Trois canons de pistolets anciens.

70-72 — Dix pièces : Fusils d'infanterie, carabines et canons de fusil.

73 — Fusil à deux canons superposés.

74 — Grande Flissah orientale à poignée de cuivre gravée.

75 — Sabre oriental à lame courbe dans un étui en cuir rouge.

76 — Epée à lame triangulaire poignée et pommeau en fer.

77 — Deux sabres de cavalerie à lames courbes dont une de Tolède.

78 — Deux épées de garde national et de musicien.

79 — Sabre oriental à lame courbe, fourreau en cuir garniture argent.

80 — Quatre arbalètes.

81 — Monture d'arbalète en bois incrusté d'or datée 1754.

82 — Quatre poignards orientaux.

83 — Deux Flissah et sabre d'enfant turc à lame courbe.

84 — Deux fers de lances orientales et un grand fer de lance à arête centrale.

85 — Poignée et garde d'épée en fer ciselé et repercé.

86 — Deux fusils longs.

87 — Douze pièces hallebardes, lances, espontons.

88 — Six arcs, un lot d'armes sauvages

89 — Epée pour canne, poignée et pommeau en fer ciselé à jour.

90 — Trois pièces. Sabre et épée en fer et lame d'épée en acier bruni.

91 — Deux briquets à poignées de cuivre et trois fourreaux.

92 — Fourche à neuf dents, un sabre baionnette et deux baionnettes.

93-96 — Quatre fusils de chasse à deux coups de différents modèles.

97 — Petit fusil à pierre, pour enfant.

98 — Canon de fusil de rempart.

PORCELAINES

99 — Bourdaloue en ancienne porcelaine de Sèvres décor à bouquets de fleurs.

100 — Tasse et soucoupe en porcelaine de Sèvres blanche et or au chiffre de Louis Philippe.

101 — Théière, tasse et soucoupe en ancienne porcelaine de Chantilly décor à fleurs

102 — Deux petites statuettes de Minerve en biscuit.

103 — Jardinière forme demi-lune en porcelaine blanche décor à bouquets de fleurs.

104 — Pot en ancienne porcelaine de Paris décor à fleurs sur fond blanc.

105 — Six assiettes en ancienne porcelaine blanche, décor en bleu.

106 — Assiette en porcelaine blanche et or une soucoupe de Sèvres, un petit baguier en émail gros bleu.

107 — Cafetière en ancienne porcelaine blanche de Paris décor de médaillons en grisaille à paysages.

108 — Petite statuette en ancienne porcelaine de Saxe « L'hiver » sur socle en porcelaine.

109 — Sucrier et couvercle forme fruit en vieux Saxe décor à fleurs.

110 — Coupe vide poche forme feuille en vieux Saxe décor à fleurs.

111 — Quatre tasses avec soucoupes en ancienne porcelaine de Saxe.

112 — Petit socle Louis XV en porcelaine d'Allemagne.

113 — Cinq petites statuettes en ancien blanc de Saxe et porcelaine décorée.

114 — Bol en vieux Chine de la famille Verte décor à fleurs et insectes.

115 — Sucrier avec couvercle et plateau en ancienne porcelaine de l'Inde décor à guirlandes de fleurs en camaïeu.

116 — Plat à barbe en vieux Chine décor de fleurs en rose.

117 — Plat en ancienne porcelaine de l'Inde décor à bouquets et guirlandes de fleurs.

118 — Deux plats en porcelaine du Japon, décor polychrome de jardinières fleuries.

119 — Six compotiers en porcelaine du Japon décor en bleu, rouge et or.

120 — Huit assiettes en ancienne porcelaine de l'Inde décorées au centre d'un médaillon à figures de cerf et de biche dans un paysage.

121 — Onze plats à crême en ancienne porcelaine de l'Inde décor à guirlandes de fleurs.

122 — Petite théière et moutardier en porcelaine de Chine décor bleu.

123 — Paire de vases en grès craquelé de Chine.

124 — Trois petites tasses avec soucoupes en porcelaine de Chine, décor en bleu.

125 — Petite corbeille en vieux Chine, décor ajouré et scènes d'intérieur.

126 — Deux assiettes creuses en porcelaine de Chine et décor bleu.

127 — Vase balustre en grès de Chine fond brun.

128 — Petite aiguière en satsuma décorée d'instruments de musique en émaux et rehauts d'or.

129 — Petit vase en satsuma fond bleu vermiculé, décor très fin à médaillon, personnages et objets d'ameublement en émaux de couleur et rehauts d'or.

130 — Petit pot en satsuma, décor à reflets métalliques avec réserves à volatiles et personnages dans un paysage.

131 — Petite bonbonnière sur trépied en satsuma, décor à instruments de musique en émaux de couleur.

132 — Brûle-parfums de forme cylindrique en satsuma, décor à réserves de fleurs.

133 — Théière en satsuma fond bleu vermiculé d'or, médaillon à vases de fleurs et personnages dans un paysage.

134 — Bouteille en grès flambé de Chine, fonp vert, panse à cabochons.

135 — Coupe en porcelaine de Chine, décor à branchages fleuris et papillons en émaux de couleur.

136 — Petit vase en vert céladon de Chine, décor en relief et gravé sous couverte à feuillages, anses à têtes d'oiseaux.

137 — Paire de petites potiches en porcelaine de Chine vert craquelé, socles en bois de fer.

138 — Deux coupes en porcelaine de Chine de la famille verte, décor à fleurs, volatiles et papillons.

139 — Bouteille en craquelé de Chine, dessin à paysage en bleu sur fond blanc.

140 — Grande potiche en porcelaine de Chine vert céladon craquelé, socle en bois de fer.

141 — Paire de grandes potiches en porcelaine de Chine fond jaune impérial, décorées de caractères chinois, en émaux de couleur.

142 — Jardinière en porcelaine de Chine, décor par bandes à volatiles, cachets et branchages fleuris, socle en bois de fer.

143 — Deux grandes vasques en porcelaine de

Chine famille rose, décorées de fleurs de nénuphars, intérieur aux poissons.

144 — Lapin en blanc de Chine.

FAIENCES

145 — Quatre assiettes en faïence de Sinceny, décor à bouquets de fleurs.

146 — Deux petits seaux-jardinières et une petite assiette en ancienne faïence de Sinceny.

147 — Sept assiettes en faïence de Moustiers, décor central de chien courant en vert.

148 — Fontaine d'applique en faïence de Rouen, décor polychrome.

149 — Deux pots en faïence de Rouen, même décor.

150 — Soupière avec plateau et couvercle en vieux Rouen, décor à fleurs, bordure quadrillée vert.

151 — Deux plats ovales en même faïence et de même décor.

152 à 154 — Trois soupières avec leur couvercle en ancienne faïence de Rouen, décor à la corne.

155 — Plat long en faïence de Rouen à décor bleu.

156 — Porte-burettes à quatre compartiments en ancienne faïence de Rouen, décor bleu.

157 — Sucrier en ancienne faïence décorée de branches de fleurs.

158-159 — Quatre jardinières porte-bouquets en faïence de Rouen et autres.

160 — Deux plats longs en vieux Rouen, décor à la corne.

161 à 166 — Quinze pièces assiettes et compotiers en même faïence et de même décor.

167 — Bourdaloue et deux cachepots en faïence de Rouen, Nevers, etc.

168 — Deux cuvettes de bidets en anciennes faïences décorées en bleu.

169 — Soupière Louis XV de forme oblongue avec son couvercle, en ancienne faïence décor en camaïeu violacé.

170 — Soupière ovale et son couvercle en ancienne faïence, décor vert à fleurs et insectes.

171 — Soupière ronde en faïence, décor à fleurs, couvercle surmonté d'une pomme.

172 à 183 — Vingt-sept plats ou compotiers en anciennes faïences de Strasbourg, Nevers et autres à décors divers.

184 — Trois soupières oblongues en ancienne faïence de Strasbourg, couvercles surmontés d'un artichaut.

185-186 — Seize assiettes en faïence de Strasbourg à décors variés.

187 — Quatre tasses et deux soucoupes en ancienne faïence de Douai, décor à fleurs.

188 — Deux petits pots à crème en ancienne faïence de Marseille, décor quadrillé à fleurs.

189 — Trois corbeilles à fruits en faïence ajourée, décor à fleurs.

190 — Théière avec couvercle et sucrier en ancienne faïence blanche, décor à fleurs.

191 — Théière et sucrier en ancienne faïence blanche décor à fleurs, bordure perlée.

192 — Six assiettes en ancienne faïence, décor brun à fleurs.

193 — Quatre assiettes en ancienne faïence, décor polychrome d'oiseaux perchés.

194 — Quatre assiettes en ancienne faience, décor de pagodes en bleu.

195 — Sept assiettes en ancienne faïence, décor central à bouquets de fleurs.

196 — Cinq assiettes en ancienne faïence, décorées de roseaux et de volatiles en polychrome.

197 — Soupière avec couvercle en ancienne faïence, décor bleu et blanc.

198 — Soupière ovale en ancienne faïence blanche, anses entrelacées.

199 — Terrine à pâté en ancienne faïence, décor bleu.

200 — Soupière forme chou en faïence avec couvercle.

201 — Deux plats à barbe en faïence décorée.

202 à 209 — Cinquante assiettes en faïences diverses à décors variés.

210 — Soupière en ancienne faïence, couvercle surmonté d'un citron.

211 à 213 — Neuf pots en faïence de Nevers fond gros bleu à décor blanc et ocre.

214 à 217 — Seize assiettes en même faïence et même décor.

218 — Grand plat en faïence de Nevers décor violacé à figure de lion au centre et personnages au marli.

219 — Plat long en faïence de Nevers décor de même nuance sur fond blanc.

220 à 221 — Cinq plats en vieux Delft polychrôme.

222 à 223 — Cinq plats en ancienne faïence de Delft décor chinois et autres en bleu.

224 — Cinq assiettes en vieux Delft décors variés en polychrôme.

225 — Quatre pièces vase et bouteilles en faïence de Delft à décor bleu.

226 — Six assiettes en faïence de Delft à décor bleu.

227 — Vase de pharmacie en faïence italienne fond bleu.

228 — Grand vase cornet en faïence décor à paysage.

229 — Groupe de personnages en grès émaillé blanc de Chine.

230 — Groupe en terre émaillée Normande allaitant son enfant.

231 — Deux grands bols en faïence décorée.

232 — Six pots divers en grès.

233 — Sept pots en faïences diverses, couvercles en étain.

234 à 235 — Dix pots en anciennes faïences à décors variés.

236 à 240 — Environ cinquante pièces : beurriers, saucières, sucriers, porte-burettes, encriers, vases, bouteilles, pots, bénitier, boites à épices etc en anciennes faïences à décors variés.

241 — Coupe en faïence japonaise à décor de personnages.

LAQUES, IVOIRES

ÉMAUX CLOISONNÉS

242 — Boite en laqué rouge de pékin offrant sur le couvercle une branche de nénuphar.

243 — Boite en laque fond brun décor à volatiles et plantes aquatiques.

244 — Groupe en ivoire enfant sur un ibis avalant un cormoran travail japonais.

245 — Groupe en ivoire personnages sur un poisson au milieu des flots de la mer.

246 — Statuette en ivoire du Japon : le Marchand d'oranges.

247 — Groupe en ivoire cultivateurs japonais.

248 — Groupe en ivoire. Marchands Japonais.

249 — Groupe en ivoire. Personnage ayant à ses pieds un petit enfant et un singe.

250 — Groupe en ivoire. Jardinier japonais.

251 — Groupe en ivoire. Marchands de poissons.

252 — Statuette en ivoire. Bucheron.

253 — Statuette en ivoire. Le marchand de fruits.

254 — Suite de quatre Netzukés en ivoire sculpté personnages et animaux.

255 — Bonbonnière en ivoire ornée d'incrustations de nacre et de pierres dures à branchages fleuris.

256 — Petite cage japonaise.

257 — Bonbonnière forme losange en bois de fer orné d'incrustation filigranies à fleurs grecques et ornements.

258 — Bonbonnière en émail cloisonné fond rouge et bleu turquoise. Décor à volatiles et fleurs.

259 — Deux petits vases en émail cloisonné fond bleu marbré, décor à guirlandes de fleurs.

260 — Groupe de trois musiciens en laque rouge de Pékin et ivoire socle en bois de fer.

261 — Statuette de religieux en ivoire.

262 — Sac de selle en cuir brode d'Orient.

MEUBLES, SCULPTURES, BRONZES

263 — Grand et beau meuble Renaissance en bois sculpté, ouvrant à deux portes, le bas à jour, supporté par des colonnes.

264 — Quatre grands et beaux fauteuils en bois sculpté, hauts dossiers, style Louis XIV couverts en fine tapisserie d'Aubusson à vases de fruits et fleurs, composition d'après Baptiste Monnoyer.

265 — Bahut en bois de luxe décoré d'un panneau en vernis Martin à scène pastorale. XVIIIe siècle.

266 — Deux encoignures à une porte en marqueterie de bois de luxe ornées de bronzes, dessus en marbre, style Louis XVI.

267 — Petite table ronde en bois sculpté et doré, dessus en marbre, style Louis XVI.

267 — Table dite poudreuse en marqueterie de bois, avec tablette à écrire, intérieur garni d'étoffe, style Louis XVI.

268 — Deux gaînes à quatre faces forme niches à jour en marbre blanc.

269 — Buste en marbre : Flore.

270 — Buste en marbre : Libellule.

271 — Jolie statuette en marbre. Baigneuse de Vérona.

272 — Deux chenêts en bronze : lions héraldiques.

273 — Deux grands chenêts en bronze, style Renaissance.

274 — Ameublement de salon époque fin Louis XVI, bois sculpté à rubans enroulés, composé de deux bergères et quatre fauteuils couverts en vieux velours rouge d'Utrecht.

275 — Table à thé ornée de bronzes dorés. Style XVIIIe siècle.

276 — Mobilier de salon style Louis XVI, en noyer sculpté, couvert en velours ciselé fond rouge, dessin ton sur ton, un canapé, deux fauteuils et deux chaises.

277 — Beau meuble-buffet en bois sculpté ouvrant à deux portes, le haut à coulisses, du XVIIIe siècle.

278 — Jolie statuette en marbre : l'Amour captif, de DELAVIGNE.

279 — Paire de candélabres à figurines debout, en bronze. Style Louis XVI.

280 — Paire de bras d'appliques à deux lumières en bronze. Style Louis XVI.

281 — Groupe en bronze : Enée sauvant son père, sur socle en bronze doré.

282 — Deux statuettes bronze : Faune et Bacchante, socles en marbre.

283 — Deux chenêts en bronze. Style Louis XV.

284 — Brûle-parfums sur trépied de forme hexagonale, en bronze du Japon, couvercle surmonté d'une chimère.

285 — Brûle parfums en bronze du Japon, décor aux poissons, couvercle surmonté d'une chimère.

286 — Vase à panse renflée en bronze cloisonné de Chine, décor à lambrequins et arabesques.

287 — Paire de vases en bronze du Japon, décor à réserves de dragons au milieu d'arabesques, col à lambrequin.s

TABLEAUX

PASTELS — DESSINS

288 — BOUCHER (d'après). *La Femme au manchon*. Pastel.

289 — BOULANGÉ. *Bouquets de fleurs.*

290 — DIAZ (Attribué à). *Personnages sous bois.*

291 — VAN DICK (Attribué à). *L'Ensevelissement du Christ.*

292 — GIORDANO (LUCAS). *Vénus et l'Amour recevant les prémices de l'Automne*, (importante composition)

293 — GREUZE (Attribué à). *Portrait de jeune fille.*

294 — GRIFF. *Chasseurs, chiens de chasse et gibier*. Deux tableaux se faisant pendant.

295 — HENNER (Genre de). *Nymphe assise.*

296 — LANGLOIS (JACQUES). *La Femme au voile bleu.*

297 — LEMOINE. *L'Olympe.* Charmante composition, projet de plafond.

298 — NATTIER (D'après). *Portrait de femme.* Pastel.

299 — MIEL (Attribué à JEAN). *Moutons et personnages près de ruines.*

300 — LA OCHOA. *Portrait de jeune femme en toilette décolletée.* Pastel et gouache.

301 — ROUSSEAU (TH.). *Paysage.*

302 — TRINQUESSE (Attribué à). *Très beau portrait de femme en riche costume de cour.*

303 — ZIEM (Attribué à). *L'Entrée du Bosphore.*

304 — ECOLE FRANÇAISE DU XVIIIe SIÈ- *La Petite fille à la colombe.*

305 — *La Petite fille au lapin.*

306 — *La Petite fille à la cage.*

307 — *La Petite fille au chat.* Suite de quatre charmantes petites peintures sur papier. Cadres ovales en bois doré de l'époque.

308 — ECOLE FRANÇAISE DU XVIIIe SIÈCLE. *Projets de décoration.* Deux dessins rehaussés de gouache.

309 — Cadre en bois sculpté.

310 — Objets omis.

www.ingramcontent.com/pod-product-compliance
Ingram Content Group UK Ltd.
Pitfield, Milton Keynes, MK11 3LW, UK
UKHW020512180726
13839UKWH00005B/2048